PRESENTACIÓN

La búsqueda de un Dios creíble

"Tampoco soy incrédulo, sino una persona que pide cosas dignas de creerse".

Ernst Jünger

Textos a modo de salmos

El 17 de enero de 2022 el papa Francisco concretó en su encuentro con la Delegación Ecuménica de Finlandia: "Recordemos que estamos en camino no como poseedores, sino como buscadores de Dios".

Joaquín Suárez, buscador constante, ha intentado siempre que, además, sea un Dios creíble. Por eso hace suyas las palabras de **Ernst Jünger** con las que quería encabezar esta obra y ahora encabezan estas líneas, y, como él, respecto a Dios, "pide cosas dignas de creerse". Lo pide ahora y lo ha pedido a lo largo de toda su vida, de modo que lo ha ido concretando en algunos textos a modo de salmos que parecían admitir otra manera de ser dichos o recitados.

Estos textos fueron formulados en distintos momentos de su trayectoria vital a partir de su propia experiencia y de los escritos de diversos autores en los que se inspiró –en ocasiones se les cita en concreto al final de cada texto–, y que han sido más o menos reelaborados y vertidos en salmos, o a modo de salmos, tratando de respetar su mismo lenguaje y pensamiento.

Algunos de ellos –solo unos pocos– se reproducen aquí: esos que pueden ayudarnos a descubrir un Dios creíble que se apoya en un trípode que muestra su imagen purificadora ("el que no quiere ser como se le representa, atrapado en imágenes y conceptos en los que Él no se reconoce"), su imagen invitadora a descubrir el misterio en la vida diaria ("el que está ahí mismo, inasible presencia al alcance, percibido y sentido en lo que trasparenta trascendencia") y su imagen sugerida,

3

UN DIOS CREÍBLE

JOAQUÍN SUÁREZ BAUTISTA
Imágenes de JOSÉ LUIS CORTÉS

UN SANO EJERCICIO DE DESMITIFI-
CACIÓN DE LA IMAGEN DE DIOS
NO VIENE MAL DE VEZ
EN CUANDO...

P P C

Dibujos
José Luis Cortés

© 2024, Joaquín Suárez Bautista
© 2024, PPC Editorial y Distribuidora, S. A.
    Parque empresarial Prado del Espino Impresores, 2
    28660 Boadilla del Monte (Madrid)
    ppcedit@ppc-editorial.com
    www.ppc-editorial.es

ISBN: 978-84-288-4161-0
Depósito legal: M-10392-2024
Impreso en la UE / *Printed in EU*

solo descubierta en la mutua donación gratuita ("el que se ofrece a sí mismo en donación gratuita de sí, íntima religación de lo divino con lo humano que somos").

En cada uno de estos apartados se ofrecen 8 salmos, que nos saben a poco pues podrían haber sido muchos más. Pero son intensos y sugerentes y nos abren puertas y ventanas hacia otros caminos que nosotros mismos podemos –y debemos– transitar, sabiendo que, como dice **Karl Barth** –en cita que se incluye al principio en descarga y como clave de lo que va a seguir–, "todo lo que digo de Dios es un hombre quien lo dice".

Los dibujos de Cortés

En la cabecera de cada texto se incluye un dibujo de **José Luis Cortés**. Todos estos dibujos están tomados de su obra *Un Dios llamado ¡Abba!* (PPC 2009), que a su vez recopilaba los que el dibujante había ido sacando en una agenda de la misma editorial en cada doble página: "una reflexión a partir de Abba, un Dios casero". Aquí se han seleccionado estos pocos dibujos –uno por cada texto– pensando que tal vez ayuden a alguien a repensar su concepto y su experiencia de Dios.

Para ello, conviene tener en cuenta lo que el dibujante dice en la presentación de su obra:

"¿Quién es Abba? Esa es la denominación que, en arameo, daba Jesús a Dios; un Dios papá, casi utilizando el balbuceo del niño chico que apenas sabe pronunciar el nombre de su padre. Todavía hoy, en italiano, papá se dice *babbo*, y en inglés, *daddy*; nosotros mismos decimos "papá", que es muy fácil de pronunciar.

El nombre de Abba nos hace cercana la enigmática figura de Dios, el ser trascendente por definición; nos habla de un Dios casero, nos invita a meterlo en nuestras vidas, y yo hace años que lo vengo dibujando con bata de andar por casa y zapatillas; como para indicar que el cielo, la casa del papá de Jesús y nuestro, es un verdadero hogar, y que Dios padre es madre.

En realidad, Dios no es padre ni madre: ni siquiera es «Dios». Todo eso son comparaciones que nosotros nos hacemos para, de alguna forma, poder hablar de algo que nos excede, y que si no nos excediera no sería tal («*Si comprehendis, non est Deus*», decía san Agustín en un latín sencillito).

Por lo que me toca, pido perdón desde ya por atreverme a dibujar y dar forma a algo que mejor se entiende cuanto menos se define. Dios no es anciano como yo lo pinto, no tiene barba ni ese triángulo en la cabeza a modo de peineta; no está en un cielo de nubes, ni los ángeles van por ahí con alas de pollo... Pero de alguna forma tenemos que expresar todo eso si queremos empezar a reflexionar sobre ello. Ahora bien: solo para empezar".

Y termina su introducción dándonos la clave que también nosotros podemos tener en cuenta al contemplar los dibujos de esta selección:

"La finalidad del libro, que es que cada uno reflexione sobre Dios, puede y debe perseguirse despacito, en cada página, completando cada viñeta con la propia meditación".

Invitamos a acudir a esa obra de Cortés, resumen también de toda una vida, y que también nos ofrece retazos –y retratos– de un Dios creíble.

* * *

He aquí, pues un manojo de salmos para rumiar despacio de modo que su meditación nos ayude a que no se nos atragante lo que nos ha llegado –a veces inconscientemente– ni se nos empache lo que hemos tragado sin digerirlo. Que esta obra nos ayude a ver cómo resuenan los dibujos y textos en nuestra propia vida de modo que –también nosotros– podamos purificar nuestra imagen de Dios, clarificar nuestra fe y seguir buscando siempre un Dios creíble.

Herminio Otero

*"Todo lo que digo de Dios,
es un hombre quien lo dice".*

Karl Barth

Digo "Dios"
a esa fuente inaccesible y próxima,
a esa presencia personal y amante,
que piensa en mí cuando pienso,
que crea en mí cuando realizo
algo que sobrepasa y trasciende.
Me habita, está presente en mí.
Se trata de Dios.

Digo "Dios"
al que entra en la definición de hombre;
a la dimensión trascendente del hombre,
la que le lleva a creer también en el hombre.

Digo "Dios"
al que, en el hombre, es siempre
algo más que el hombre;
en Él, el hombre se sobrepasa a sí mismo.
Se trata de Dios.

————

(*Cf.* **Roger Garaudy**, *Palabra de hombre*,
en **Joaquín Suárez Bautista**, *Los otros salmos*, Sal Terrae)

1

EL QUE NO QUIERE SER ASÍ

El que no quiere ser así,
    como se le representa atrapado
    en imágenes y conceptos
    en los que Él no se reconoce.

1. COMO DIOS MANDA

"Vendrán muchos usurpando mi nombre
y diciendo..." (Lc 21,8)

"Para ser libres nos libertó Cristo.
Manteneos, pues, firmes
y no os dejéis oprimir nuevamente
bajo el yugo de la servidumbre.
Porque habéis sido llamados a la libertad." (Gal 5,1.13)

"Vendrán usurpando mi nombre y diciendo":
¡Es la voluntad de Dios! Y presentándose
como representantes de Dios mismo,
vicarios y portavoces investidos de autoridad,
se arrogan inquisidores de vuestras creencias.
¿Como Dios manda?

"Para ser libres nos libertó Cristo";
no permitáis que os arrebaten
lo único vuestro que os pertenece,
la voluntad de ser uno mismo,
así que no os dejéis mandar.
¿Como Dios manda?

"Manteneos firmes y no os dejéis oprimir".
Mandar, lo que se dice mandar, ni Dios,
ni Él es un mandamás ni nosotros unos mandados.
No permitáis que nadie os imponga su criterio
so pretexto de que lo hace por vuestro bien.
¿Como Dios manda?

"Bajo el yugo de la servidumbre"
no se puede vivir con dignidad,
pensar, decidir y creer por sí mismo,
abrir la ventana y ventilar el alma,
salir a la puerta y sentir el mundo.
¿Como Dios manda?

"Habéis sido llamados a la libertad"
que nos hace responsables de nosotros mismos,
que nos hace humanamente reconocibles,
de la que no debemos arrepentirnos,
de la que podemos estar orgullosos.
¿Como Dios manda?

¿Con cara de qué, si no, nos vamos a presentar
ante nosotros mismos, sin máscara ni disfraz?
¿Con cara de qué nos vamos a mirar
en el espejo de Dios que es nuestra conciencia,
nuestra inviolable libertad de conciencia?
¿Como Dios manda?

Se consideran guías salvadores del pueblo llano,
pastores del dócil rebaño que parecemos.
Mandan en nombre de Dios, al amparo de Dios,
nos mandan como Dios, mandan más que Dios,
mandan sobre Dios, mandan al mismísimo Dios.
¿Como Dios manda?

2. EL OTRO DIOS

No creo en...
El Dios que exija al hombre, para creer, renunciar a ser hombre.
El Dios que solo pueden comprender los sabios, los situados.
El Dios que se conforma con ser adulado, alabado, adorado.
El Dios mudo e insensible ante la humanidad que sufre.
El Dios interesado solo en las almas y no en los hombres.
El Dios esperanza solo para una vida después de la muerte.
El Dios de los discípulos desertores de las tareas del mundo,
indiferentes a la situación de sus hermanos.
El Dios de los que creen que aman a Dios porque no aman a nadie.

El Dios que defienden los que nunca se manchan las manos,
los que nunca se asoman a la ventana,
los que nunca se echan al agua.
El Dios que les gusta a aquellos que dicen "todo va bien"
porque a ellos sí que les va bien.
El Dios de los que rocían con agua bendita sus negocios sucios.
El Dios que negase al hombre la libertad de creer o de equivocarse.
El Dios manejable, utilizable, rentable para nosotros.
El Dios de una iglesia inmovilista, creída de sí misma, no creíble.

Creo en otro Dios.

No creo en el Dios que impida al hombre
crecer, conquistar metas, transformarse,
conseguir superarse humanamente
ampliando sus posibilidades de ser.
Mi Dios es otro, es el otro Dios.

No creo en un Dios aséptico, aislado, intocable,
concebido por los teólogos de gabinete,
producido en las sacristías y dicasterios
y reproducido en los púlpitos.
Mi Dios es otro, es el otro Dios.

No creo en un Dios complaciente con el sistema
de la ideología dominante y los poderes fácticos,
un Dios agradecido por la beneficencia
de quienes no practican la justicia social.
Mi Dios es otro, es el otro Dios.

No creo en un Dios que condene la sexualidad,
el placer erótico y sus prácticas,
el Dios que culpabilice la sensualidad,
los goces corporales y sus alegrías.
Mi Dios es otro, es el otro Dios.

No creo en un Dios justiciero, implacable,
a quien haya que temer y esquivar,
un Dios puritano, severo, cruel,
inflexible, inexorable, rigorista.
Mi Dios es otro, es el otro Dios.

No creo en un Dios bonachón,
que parece no enterarse de nada,
del que se pueda abusar o comprar,
a quien se pueda engañar o camelar.
Mi Dios es otro, es el otro Dios.

No creo en el Dios prototipo de perfección
abrumadora, sin resquicios, sin fisuras,
al alcance solo del clero, de los intelectuales,
de los teólogos de padre y muy señor mío.
Mi Dios es otro, es el otro Dios.

No creo en el Dios de los juristas y canonistas,
un Dios árbitro, reglamento en mano,
un Dios legalista, el ojo que todo lo espía,
detective, policía, fiscal y juez inquisidor.
Mi Dios es otro, es el otro Dios.

No creo en el Dios monopolio de una iglesia,
configurado y apresado en un credo,
ritualizado en solemne protocolo,
Rey de reyes, Todopoderoso señor.
Mi Dios es otro, es el otro Dios.

No creo en el Dios que limita el conocimiento,
que esteriliza la razón del hombre,
que prohíbe pensar por uno mismo,
que censure la investigación científica.
Mi Dios es otro, es el otro Dios.

No creo en un Dios quiniela o lotería:
si aciertas te ganas, si no te pierdes,
un Dios contra quien juegas
y apuestas tu destino a una carta.
Mi Dios es otro, es el otro Dios.

———————

Cf. **Juan Arias**, *El Dios en quien no creo*

3. EL DIOS DE LOS FANÁTICOS

Tener un Dios fanático nos coloca, en primer lugar, muy bien a nosotros,
que somos sus fans. Nos hace sentir privilegiados e importantes.
Y eso nos permite cantar a coro: «Nosotros poseemos la verdad.
Están equivocados todos los demás».
Porque, efectivamente, esta imagen va acompañada
de un desprecio hacia los demás que, en el menos malo de los casos,
deberán venir hacia nosotros (que estamos quietos
porque ya hemos llegado).

Un Dios exclusivista presidiendo el coro de selectos,
el club de los elegidos, rotundo el ademán, arrogándose
la posesión de la única verdad admisible
y la misión de imponerla sin contemplaciones.
No tolera la duda razonable ni la sombra de duda,
no acepta la evolución de las mentalidades.
El Dios de los fanáticos.

Un Dios ceñudo, sin sentido del humor y de la fiesta,
impasible y severo, no se hace cargo de la condición humana.
El Dios al que todos tienen que someterse
no siente respeto por la dignidad que nos es propia
y la libertad soberana que tenemos para decidir
por nosotros mismos en aquello que nos afecta.
El Dios de los fanáticos.

El Dios nuestro, el que nos pertenece, nos justifica y avala,
asimilado a "uno de los nuestros", un Dios compinche
que piensa como nosotros y está siempre de nuestra parte,
al que hacemos cómplice de nuestras tropelías.
El que parece necesitar devotos fans que le supliquen,
que le adoren, que le obedezcan, que le defiendan, que le teman.
El Dios de los fanáticos.

El Dios garante del des-orden establecido,
pues en su nombre se proclaman delirios de grandeza,
se cometen abusos y barbaridades, se justifica lo injustificable,
se dicen algunas sandeces y se hacen verdaderos disparates.
A su amparo se cobijan falsas seguridades y creencias ilusorias,
pretendidas revelaciones incuestionables.
El Dios de los fanáticos.

El Dios al acecho, una abrumadora presencia inquisitiva,
un intruso en la conciencia, insomne vigilante implacable,
el ojo que todo lo escruta desde su privilegiada atalaya,
el Dios que calla y toma buena nota para pedir cuentas,
nada se le escapa, hasta los más íntimos pensamientos.
Una figura agobiante, arbitraria y temible.
El Dios de los fanáticos.

El Dios encapsulado en dogmas ininteligibles e incuestionables,
definido entre fragantes **contradicciones** irresolubles,
heredero de culturas patriarcales y teocráticas,
envuelto en las brumas del oscurantismo y la credulidad.
El Dios irreconocible, mitologizado y antropomorfo,
filtrado por los predicadores y por la ortodoxia oficial.
El Dios de los fanáticos.

El Dios de los iluminados y visionarios:
de los que se creen investidos por la autoridad de Dios,
de los que se llaman representantes de Dios,
de los que se tienen por confidentes de Dios,
de los que se apropian del nombre de Dios,
de los que van de profetas y mensajeros de Dios.
El Dios de los fanáticos.

———

Cf. **José Luis Cortés**, *Un Dios llamado ¡Abba!*

4. SEÑOR DE LAS BATALLAS

"En los templos, los sacerdotes predicaban devoción a la bandera
y al país, invocando para ello al Dios de las Batallas,
rogándole su ayuda en nuestra buena causa con tantísimo fervor
que quienes escuchaban se conmovían.
El servicio religioso continuó, leyéndose un capítulo
del Antiguo Testamento sobre la guerra.
Se leyó la primera plegaria a Dios, seguida
del estruendo del órgano, que sacudió todo el templo,
y de la muchedumbre, que se levantó apasionadamente,
con brillo en los ojos y corazones palpitantes de emoción,
invocando a Dios:

> ¡Señor Todopoderoso!, ¡Tú que ordenas,
> el trueno es tu trompeta,
> el rayo es tu espada!

El objetivo de la súplica era que nuestro amado Creador
cuidara de nuestros jóvenes y nobles soldados,
ayudándolos y confortándolos en su labor patriótica.
Se pedía al Creador de todos nosotros
que derramara sobre ellos su divina protección
siendo su escudo en el peligro de la batalla.
Se le rogó al Creador que los resguardase con su poderosa mano,
haciéndolos fuertes y seguros,
invencibles en el sangriento combate.

Se imploró al Creador que les ayudase a aplastar a los enemigos,
concediéndoles –tanto a ellos como a su bandera y patria–
el honor perpetuo y la gloria.
El clérigo pronunció este ardiente llamamiento:
> *¡Bendice nuestras armas y concédenos la victoria,*
> *Señor nuestro, Dios protector de nuestra tierra y bandera!*

¿Es acaso una sola oración? No; son dos,
una pronunciada y la otra no.
Sucede lo que en la mayoría de las plegarias de los hombres,
que se está pidiendo más de lo que se es consciente.
Cuando habéis rezado por la victoria,
también lo habéis hecho por las muchas consecuencias
no mencionadas que resultan de esa victoria".

Mark Twain, *La oración de la guerra**

---

* Escrita durante la guerra entre Estados Unidos y España por Cuba y Filipinas. Dado el carácter crítico del relato con la ciega fe religiosa y el fervor patriótico –con motivaciones bélicas–, la familia de Twain lo convenció para evitar su publicación, bajo el temor de ser considerado como un sacrílego y antipatriota. "Solo a los muertos se les permite decir la verdad en este mundo; se publicará tras mi muerte". Su texto llegó a los lectores coincidiendo con la Primera Guerra Mundial (1914-1918).

Si rezo: "Oh Señor, ayuda a nuestros soldados",
mi oración incluye también:
"Señor, ayúdanos a destrozar a otros seres humanos,
ayúdanos a convertirlos en despojos sangrientos,
Tú que eres Padre de todos, oh Señor de las batallas".

Mi oración: "Oh Señor, que derrotemos al enemigo",
lleva implícita consecuencias:
"Señor, ponte de nuestra parte y en contra de ellos,
para que destruyamos sus hogares y se queden
sumidos en la miseria y humillados, oh Señor de las batallas".

Si suplico: "Oh Señor, concédenos la victoria",
tácitamente conlleva secuelas:
"Señor, que acabemos con sus esperanzas, cercenemos
o arruinemos sus vidas y provoquemos sufrimiento,
Tú que eres Amor, oh Señor de las batallas".

Mi plegaria: "Oh Señor, que triunfe nuestro ejército",
lleva sobreentendido efectos:
"Señor, deja a nuestro paso desolación y lágrimas,
viudas y huérfanos, ancianos y niños abandonados,
cuerpos maltrechos y mentes traumatizadas, oh Señor".

5. NO VAMOS A LLAMARLE DIOS

"Esto dice el Dios de los ejércitos:
Voy a vengarme de mis adversarios
y a tomar revancha de mis enemigos.
Yo me alzaré contra ellos, aniquilaré su nombre y sus restos,
su raza y su germen.
Tengo la resolución tomada contra toda la tierra,
mi mano tendida contra todos los pueblos.
Yo mando la dicha y provoco la desgracia.
Como león que ruge y cae sobre su presa,
así bajará para guerrear el Dios de los ejércitos."

Isaías, capítulos 1, 14, 45, 31

"¿Quién es ese Rey de la Gloria?
El Señor, héroe valeroso; el Señor, héroe de la guerra.
El Señor de los ejércitos es el Rey de la Gloria.
¿Quién me guiará a la plaza fuerte,
si tú, oh Dios, no sales ya con nuestras tropas?
Con Dios haremos proezas, él pisará a nuestros enemigos.
En las gargantas vítores a Dios,
en las manos espadas de dos filos;
para tomar venganza de los pueblos
y aplicar castigo a los paganos,
sujetando a reyes con argollas
y a nobles con esposas de hierro.
Ejecutar la sentencia dictada
es un honor para todos sus fieles. ¡Aleluya!"

Salmos 24, 60, 108, 149

"Dios ha distinguido a los combatientes por encima
de los no combatientes con una magnífica recompensa."

Corán 4,95

"No erais vosotros quienes les mataban, era Dios quien les mataba.
Cuando tirabas, no eras tú quien tiraba, era Dios quien tiraba."

Corán 8,17

Al dios que justifica la tiranía o la invasión,
que no clama airado por las víctimas,
al dios agradecido por las donaciones
de los traficantes de armas y de vidas...,
a ese no vamos a llamarle Dios.

Al dios que bendice fragatas y acorazados
entre rezos, champán y agua bendita,
al dios del crucifijo dorado presidiendo
la sala del gabinete de guerra...,
a ese no vamos a llamarle Dios.

Al dios de la misa de campaña y de la jura de bandera
enfrentado al dios de la mezquita enardecida,
al dios que glorifica a los héroes de guerra,
que santifica conquistas, himnos y medallas...
a ese no vamos a llamarle Dios.

Al dios de armas tomar, vengativo y justiciero,
que inspira las represalias y llama a las cruzadas,
al dios impasible el ademán, pretendidamente neutral
al amparo de la dictadura o del imperio o de la democracia...,
a ese no vamos a llamarle Dios.

Al dios que invocan los que se lucran de la guerra,
los que son ascendidos sobre la pila de cadáveres,
al dios agazapado tras intenciones inconfesables,
pactos secretos, negocios sucios, declaraciones engañosas...,
a ese no vamos a llamarle Dios.

6. TÚ NO ERES MI DIOS

"Tú no eres un Dios que ame la maldad." (Salmo 5,59)

Al dios rencoroso y vengativo que castiga
con la peste, la sequía o la inundación
que arrasa personas, casas y zapatos;
al dios airado, señor del rayo y del volcán,
que escupe fuego, piedras y cenizas,
no voy a llamarle Dios. ¡Tú no eres mi Dios!

Al dios justificador del desorden establecido,
sustentador de la injusticia y el atropello;
si al amparo del Todopoderoso el fuerte pisa al débil
y el potentado se siente divinamente bendecido,
absuelto por Dios, impune ante los hombres,
no voy a llamarle Dios. ¡Tú no eres mi Dios!

Al dios implacable, el de pérfida sonrisa
al pie de nuestro lecho postrero,
las sábanas ya marchitas de dolor;
al dios siniestro y puntual, carroñero al acecho,
enseñoreándose sobre nuestros despojos,
no voy a llamarle Dios. ¡Tú no eres mi Dios!

Al dios belicoso que juega a la guerra,
alimentando enconos y enfrentamientos;
al dios general de armas tomar
llamando a la santa cruzada,
que preside la batalla y bendice la matanza,
no voy a llamarle Dios. ¡Tú no eres mi Dios!

Al dios caprichoso repartidor de miseria,
el dios de las moscas azules
chupando insaciable sangre en las heridas;
al dios perverso que se complace en el quejido,
que ennegrece el alma y petrifica el corazón,
no voy a llamarle Dios. ¡Tú no eres mi Dios!

Al dios terrible que quiebra los montes,
resquebraja la tierra y la maldice;
al dios impasible que somete las voluntades,
impone su ley con promesas y amenazas
y enjuicia a los hombres según el código,
no voy a llamarle Dios. ¡Tú no eres mi Dios!

Al dios ofendido a quien aplacar y complacer,
a quien adorar, implorar y rendir culto;
al dios justiciero al que rendir cuentas,
que fiscaliza las conciencias y dicta sentencia inapelable,
juez supremo que imparte premios y castigos,
no voy a llamarle Dios. ¡Tú no eres mi Dios!

Al dios que pone a prueba a un padre
reclamándole el sacrificio de su hijo;
y al dios que entrega a su propio hijo
a una muerte trágica y cruel
y lo abandona en el último momento,
no voy a llamarle Dios. ¡Tú no eres mi Dios!

7. NO PENSÉIS MAL DE DIOS

"*¿Por qué pensáis mal?*" (Mateo 9,5)

"*Mis pensamientos no son vuestros pensamientos.*" (Isaías 55,8)

"*No entienden el pensamiento de Dios.*" (Miqueas 4,12)

No soy un Dios vengativo.
Yo no castigo con la peste.
No quiero el dolor para nadie.
No me recreo en vuestras penas.
No deseo mal a nadie.
No soy un Dios rencoroso.
No penséis mal de Dios.

No soy un Dios terrible.
Yo no os arrebato la vida.
No os envío la muerte.
No me gozo en los despojos humanos.
No soy el señor de las tinieblas.
No soy un Dios fúnebre.
No penséis mal de Dios.

No soy un Dios enojado
a quien haya que contentar
con ofrendas y dádivas,
a quien haya que ganarse
con promesas y votos.
No soy un Dios mortificante.
No penséis mal de Dios.

No soy un Dios cruel,
a quien haya que aplacar
con sacrificios y penitencias.
No me place que os torturéis.
No me agradan las expiaciones.
No soy un Dios resentido.
No penséis mal de Dios.

No soy un Dios escrupuloso
que os mida con exactitud
a ver si dais la talla que exijo,
que pese con precisión
todo lo que hacéis.
No soy un Dios puritano.
No penséis mal de Dios.

No soy un Dios implacable
que anote minuciosamente
todo lo que dejáis de hacer,
un espía que escudriñe
los secretos más recónditos.
No soy un Dios puntilloso.
No penséis mal de Dios.

No soy un Dios legislador
promulgando decretos,
un policía en vuestra conciencia,
un fiscal de vuestras culpas,
un juez aplicando leyes.
No soy un Dios verdugo.
No penséis mal de Dios.

8. NO EN MI NOMBRE

"Aplastan contra el polvo de la tierra a los humildes
y no hacen justicia a los indefensos,
profanando así mi santo nombre." (Amós 2,7)

En nombre de la seguridad a toda costa:
a costa de amenazas y de promesas,
a costa de muros de desconfianza,
a costa de recintos blindados,
a costa de ocultar aviesas intenciones... No,
no en mi Nombre.

En nombre de la paz se hacen las guerras:
las guerras, que los muertos los pone el pueblo,
las guerras, que la miseria es un mal necesario,
las guerras, que no hay mal que por bien no venga,
las guerras, que también son negocio y rapiña. No,
no en mi Nombre.

En nombre de supuestas razones de estado:
los gobiernos contra el pueblo que no cuenta,
el imperio global contra la patria chica,
los intereses particulares contra el sufrido contribuyente,
represalias contra las víctimas de siempre. No,
no en mi Nombre.

Patrañas, mentiras piadosas, fantasías edulcorantes,
respaldadas por un dios amordazado y silenciado
que calle y otorgue, consentidor y cómplice compungido,
un dios tapadera, justificación y excusa, convenientemente
disfrazado y aparente, un dios manejable, vamos. No,
no en mi Nombre.

No penséis que me siento halagado
por vuestras alabanzas, iluminado por vuestras velas,
perfumado por vuestro incienso, enaltecido
por vuestras pompas ceremoniales, identificado
con vuestras melifluas prédicas, las canciones devotas... No,
no en mi Nombre.

Sistemática y sutilmente se violenta las conciencias
o se las adormece o se acomodan o se transmutan
los sacrosantos valores que dignifican y humanizan,
hasta quebrar la resistencia de la conciencia a claudicar,
volviéndola líquida, inconsistente, inofensiva. No,
no en mi Nombre.

La religión al uso, evanescente producto de consumo
ligado a la mala conciencia mal disimulada,
la que piadosamente pone al hombre a salvo de Dios y del Diablo,
la que alimenta pulsiones insanas o las encubre,
la que se hace ilusiones enervantes, las celebra y glorifica. No,
no en mi Nombre.

En esta feria de las vanidades alrededor de nada, entregados
a sucedáneos de felicidad y otras insignificancias,
instalados en una existencia vacía de sustancia,
sin caer en la cuenta ni cuestionar nuestro género de vida,
en nombre de "esto es lo que hay, así es la vida". No,
no en mi Nombre.

2

EL QUE ESTÁ AHÍ MISMO

El que está ahí mismo,
     inasible presencia al alcance,
     percibido y sentido
     en lo que trasparenta trascendencia.

9. EN TODAS PARTES, EN TODAS LAS COSAS

"Acaeciome a mí una ignorancia al principio,
que no sabía que estaba Dios en todas las cosas,
y como me parecía estar presente, parecíame imposible."

Teresa de Jesús, *Libro de la Vida*

"Si es en la cocina, entre los pucheros anda el Señor."

Teresa de Jesús, *Libro de las Fundaciones*

"El alma en todas las cosas busca al Amado."

Juan de la Cruz, *Noche oscura*

"¿Adónde te escondiste, Amado?"

Juan de la Cruz, *Cántico espiritual*

Dios está aquí, sobre esta mesa mía
tan revuelta de sueños y papeles,
en esta vieja, azul fotografía
de Grindelwald cuajada de claveles. *Me lo encuentro
en todas partes, en todas las cosas.*

Dios está aquí. O allí: sobre la alfombra,
en el hueco sencillo de la almohada,
y lo grande es que apenas si me asombra
mirarlo compartir mi madrugada. *Me lo encuentro
en todas partes, en todas las cosas.*

Doy a la luz y Dios se enciende, toco
la silla y toco a Dios, mi diccionario
se abre de golpe en "Dios", si callo un poco
oigo jugar a Dios en el armario. *Me lo encuentro
en todas partes, en todas las cosas.*

Abro la puerta y entra –¡si estaba
ya dentro...!–, cierro, y sale, mas se queda,
voy a lavar mi cara y Dios se lava
también y el agua vuélvese seda. *Me lo encuentro
en todas partes, en todas las cosas.*

Dios está aquí: lo palpo en mi bolsillo,
lo siento en mi reloj y, aunque me empeño,
ni me sorprendo ni me maravillo
de verlo tan enorme y tan pequeño. *Me lo encuentro
en todas partes, en todas las cosas.*

Me lo dobla el cristal, me lo devuelve
hecho yo mismo –Dios, perdón– su frío
y no acierto a explicarme por qué envuelve
su cuerpo en este pobre traje mío. *Me lo encuentro
en todas partes, en todas las cosas.*

Hoy he encontrado a Dios en esta estancia
alta y antigua donde vivo. Hacía
por salvar, escribiendo, la distancia
y se me desdobló en lo que escribía. *Me lo encuentro
en todas partes, en todas las cosas.*

Y aquí sigue: tan cerca que me quemo,
que me mojo las manos con su espuma,
tan cerca que termino, porque temo
estarle haciendo daño con la pluma. *Me lo encuentro
en todas partes, en todas las cosas.*

Cf. **Carlos Murciano**, "Dios encontrado"

10. DIOS CREÍBLE

El Dios que comprende y se hace cargo de las miserias humanas.
El Dios que perdona lo que muchos condenan.
El Dios que ama lo que muchos desprecian.
El Dios que comprende que niños y adultos
    se manchan y son olvidadizos.
El Dios que participa y alegra nuestras fiestas.
El Dios que ríe con nosotros y que sonríe viéndonos.
El Dios que sabe encontrar en nosotros algo de su bondad.
El Dios que tiene una palabra distinta, personal, para cada uno.
El Dios que está presente donde la gente se ama
    y donde la gente sufre.

El Dios que posee la generosidad del sol que sale para todos
y pone destellos de su luz sobre las flores y sobre el estiércol.
El Dios perceptible en la humanidad y por el mundo.
El Dios que se lamenta por los que echan a perder su vida
y entorpecen la de otros.
El Dios poeta que se hace palabra sugestiva, inspirada,
reveladora y bienhechora.
El Dios profeta que clama en el desierto de la gran ciudad
deshumanizada.
El Dios preocupado por el futuro de este su mundo, amenazado
por los efectos del cambio climático y la contaminación.

Dios paciente, fiel y tenaz,
sale al encuentro del hombre,
se insinúa, espera, busca, llama,
no se resigna, no se da por vencido.
Dios creíble.

Dios indulgente y comprensivo:
capaz de sonreírse ante mis trastadas,
ante mis debilidades inconfesables,
ante mis pretensiones de endiosamiento.
Dios creíble.

Dios que sabe mis limitaciones personales,
que soy de barro moldeable y frágil,
que adopto aires de suficiencia
y cómo ardo en la hoguera de las vanidades.
Dios creíble.

Dios gratuito, inmerecido:
un don inesperadamente recibido,
lo que se dice un divino regalo.
Nadie tiene derecho sobre él.
Dios creíble.

Dios insobornable, inasequible
a quien pretende ponerle un precio,
a quien acostumbra a comprarlo todo,
a quien desprecia lo que no tiene precio.
Dios creíble.

Dios, el único incondicionado.
El hombre no es Dios, es evidente;
si le hago Dios, hago un ídolo
y ya no es ni hombre, es un monstruo.
Dios creíble.

Dios incompatible, inaccesible
al que necesita calcular y controlarlo todo,
al que se rige solo por la certeza palmaria,
al que no quiere arriesgar nada.
Dios creíble.

Dios desconcertante: interior y trascendente,
siempre presente pero inaprehensible,
se le ama viéndole sin verle,
se le siente palpable sin tocarle.
Dios creíble.

Dios implicado, comprometido, afectado
por lo que pasa, nos pasa y nos sobrepasa.
Dios sensible, cercano, expuesto,
tomando partido por las víctimas.
Dios creíble.

Dios en todo y más allá de todo,
de todo lo que sabemos
y de todo lo que ignoramos,
de lo que intuimos o vislumbramos.
Dios creíble.

Dios florecido en la dimensión humana,
en el sentido último de plenitud humana.
Dios anidando al fondo de mi cerebro
y por las venas de la humanidad.
Dios creíble.

———————

Cf. **Juan Arias**, *El Dios en quien no creo*

11. ¿QUÉ DICES DE TI MISMO?

"*Tú, ¿quién eres? ¿Qué dices de ti mismo?*" (Jn 1,19)

"*Jesús nunca pensó en hacerse pasar
por una encarnación del propio Dios.
Es hijo de Dios, pero todos los hombres lo son
o pueden llegar a serlo en grados diversos.*"

Ernest Renan, *Vida de Jesús*

Hay un Jesús humilde y manso
que sonríe y acaricia a los niños.
Y hay un Jesús indignado y enfurecido
hasta la provocación y el insulto:
"Zorra, raza de víboras..."
Y tú, Cristo, ¿qué dices de ti mismo?

Hay un Jesús tajante y enfrentado:
"Quien no está conmigo está contra mí".
Y hay un Jesús tolerante y conciliador:
"Quien no está contra mí está conmigo".
Un Jesús intransigente y un Jesús comprensivo.
Y tú, Cristo, ¿qué dices de ti mismo?

Hay un Jesús que busca la soledad,
se retira a orar en la montaña
y se expone a la experiencia de desierto.
Y hay un Jesús rodeado de discípulos,
inmerso en un baño de multitudes.
Y tú, Cristo, ¿qué dices de ti mismo?

Hay un Jesús compasivo:
"Tengo lástima de esta gente hambrienta".
Y hay un Jesús decepcionado:
"Me buscáis solo porque os di de comer".
Un Jesús ilusionado y un Jesús desencantado.
Y tú, Cristo, ¿qué dices de ti mismo?

Hay un Jesús resuelto y enérgico:
impreca y expulsa a latigazos
a los mercaderes del templo,
derriba del caballo y ciega
al fanático Pablo.
Y tú, Cristo, ¿qué dices de ti mismo?

Hay un Jesús Maestro de la Verdad:
"Decís bien, porque lo soy".
Convertido hoy en un manual escolar,
la sabiduría prístina del Evangelio
degradada a catecismo y prédica.
Y tú, Cristo, ¿qué dices de ti mismo?

Hay un Jesús que anuncia la destrucción
del templo y de lo que significa.
Convertido hoy en un Dios del templo,
ritualizado y solemnizado
entre velas, incienso y cánticos.
Y tú, Cristo, ¿qué dices de ti mismo?

Hay un Jesús que defrauda las expectativas
del pueblo consumidor de líderes carismáticos,
de personajes populares con mensajes novedosos.
Convertido hoy en un cristo ornamental,
negocio de telepredicadores y misas espectáculo.
Y tú, Cristo, ¿qué dices de ti mismo?

12. ¿QUIÉN DECÍS QUE SOY YO?

"–¿Quién dice la gente que es este Hombre?
–Y vosotros, ¿quién decís que soy yo?" (Mateo 16,13)

"En este tiempo hubo un hombre sabio de nombre Jesús.
Su conducta era buena y era considerado virtuoso."

Flavio Josefo, s. I d. C.

"Es un signo para la gente." (Corán 19,21)

"Lo considero uno de los más grandes maestros de la humanidad."

Gandhi

Para unos fui un idealista iluminado,
bien intencionado pero excesivamente radical:
"Abandona todo lo que tienes,
ven y sígueme".
Demasiado utópico, exigente y consecuente.
Y vosotros, ¿quién decís que soy yo?

Para otros fui un agitador político,
un revolucionario pacifista o un demagogo:
"Para eso he venido al mundo,
para prenderle fuego y que arda".
Al fin, un libertador fracasado.
Y vosotros, ¿quien decís que soy yo?

Para unos fui un maestro judío
que encarnó al buen creyente en Yahvé:
"No he venido a derogar la Ley,
sino a darle cumplimiento".
En línea con la mejor tradición de su pueblo.
Y vosotros, ¿quién decís que soy yo?

Para otros fui el hombre universal,
situado más allá de todo pueblo y cultura:
"Sin distinción entre griegos o judíos,
mujer o varón, sabios, impuros..."
Más allá de toda condición y creencia.
Y vosotros, ¿quién decís que soy yo?

Algunos habéis hecho de mí un jesusito
de peluche con que arroparos,
un objeto de devoción ternurista
entre nubes de algodón y músicas celestiales.
Un ídolo manejable y contentadizo.
Y vosotros, ¿quién decís que soy yo?

Algunos habéis hecho de mí un mago,
el divino Supermán resuelvelotodo,
escapulario bendito, medalla milagrosa,
amuleto de la suerte y de la salvación.
Un pendiente en la oreja, un crucifijo de oro.
Y vosotros, ¿quién decís que soy yo?

Un profeta implacable y testimonial
que denunció los abusos y trampas
de los poderosos de toda ralea.
Por eso fue perseguido a muerte
por los poderes religioso, económico y político.
Y vosotros, ¿quién decís que soy yo?

13. EL JUEGO DEL GANAPIERDE

"El juego de la Gracia,
el único que aún jugamos contigo, en Tu presencia.
Juego de cada instante
en el que sin cesar se recibe y acepta.

Desde que apunta el día y se abren los ojos
jugamos y ganamos si vivimos contigo;
perdemos si un afán extraño nos impulsa
a esquivar el asalto de Tu gracia en acecho.

Y se nos van las horas
con su lenta cadena de síes y de noes.
Las victorias son tuyas, los fracasos son nuestros.
Pero sabemos bien que mientras se camina
no se puede perder el juego para siempre...
¡El juego de la Gracia!".

Ernestina de Champourcín

Yo he jugado con frecuencia con el hombre,
dice Dios.
Jugamos al que gana pierde,
por lo menos él.
Porque Yo, por mi parte, si pierdo, pierdo,
pero él cuando pierde, gana.
En el juego del ganapierde.

Es, como veis, un juego muy singular
al que jugamos el hombre y Yo, dice Dios.
Porque Yo soy a la vez su compañero
y su adversario de juego.
En el juego del ganapierde.

Cuando él quiere ganar contra mí,
es decir, perder, dice Dios,
Yo, que juego contra él,
lo que quiero es hacerle ganar.
En el juego del ganapierde.

Sucede, dice Dios, que es el hombre
el que quiere perder como un tonto
y soy Yo el que quiere que gane,
y algunas veces lo consigo: que me gane.
En el juego del ganapierde.

¡Pero qué juego! ¡Tiemblo solo de recordarlo!
He temblado de no poder salvarle, dice Dios.
Yo mismo me preguntaba con miedo
si sería capaz de salvarle.
En el juego del ganapierde.

Y fijaos si sé Yo, dice Dios, lo insulsa
que es mi gracia y cómo sabe revolverse
y jugar, mejor que una mujer astuta,
dando vueltas y más vueltas
jugando con el hombre para salvarle.
En el juego del ganapierde.

———

Cf. **Charles Péguy,** "El juego del ganapierde"

14. JUGANDO A DAR Y RECIBIR

"¿Qué sería sin nosotros de Dios?"
"Dios me da...
Y yo le doy...
Dios me da demasiado.
Dejadme que esta noche me horrorice."

Gloria Fuertes

Dios me da
una cabeza encima de los hombros,
para que la lleve bien alta,
para que vigile y ejerza y siente cabeza.
Yo le doy
dolor de cabeza, le traigo de cabeza
cuando ando cabizbajo o ando de cabeza,
cuando pierdo los papeles
o pierdo la cabeza.
Jugando a dar y recibir.

Dios me da
dos ojos para ver bien
lo que hay que ver,
lo que no quiero ver.
Yo saludo a Dios
desde el fondo de los ojos claros
y entre los párpados caídos
que ya lo han visto todo.
Jugando a dar y recibir.

Dios me da
pies ligeros para escapar
o para salir al encuentro,
unas pantorrillas que lucir,
unas rodillas que rendir,
unas piernas que cruzar.
Yo le doy
la alocada carrera de mi vida
hacia no sé dónde.
Jugando a dar y recibir.

Dios me da
dos labios oferentes y apetitosos
y una mejilla espaciosa y dispuesta.
Yo le doy a Dios
un beso en su cara humana,
arrugada o tersa, sonrosada o pálida,
maquillada o barbada.
Jugando a dar y recibir.

Dios me da
dos manos para estrechar
y para dar a manos llenas.
Yo le doy
mi puño con que protestar
y unos dedos para acariciar.
Jugando a dar y recibir.

Dios me da
el gusto por los abrazos.
Brazos para levantarlos al cielo,
y para bajarlos a la tierra.
Yo me abrazo a Dios
codo con codo, a brazo partido
braceando para salir a flote.
Jugando a dar y recibir.

Dios me da las ganas de reír y de llorar,
reírme de cómo soy tan así,
llorar de impotencia o de emoción.
Yo le doy
mis lágrimas vertidas en el océano
de tanta risa y de tanto llanto
de tanto hombre ante sí.
Jugando a dar y recibir.

Dios me da
pasión y deseos, fuego en las entrañas,
ternura, sexo y sentimientos.
Yo le siento
en la comunión de los cuerpos,
el cálido regalo de la piel al centro,
el dulce tormento de la espera contenida
y la consumación del encuentro pleno.
Jugando a dar y recibir.

Dios me da
el mar como un baño de infinito,
el bosque donde perderme,
me da
el misterio de la noche
y la fuente que mana y corre.
Yo le doy
las nubes de mis dudas,
un cesto de manzanas del paraíso,
el agua fresca de mi botijo,
el fuego de mi hogar.
Jugando a dar y recibir.

15. EL BUEN LECTOR

"El lector ideal no sigue el hilo de la narración:
avanza con él.
El lector ideal lee como si todos los libros
fueran la obra de un único escritor, prolífico, intemporal.
El lector ideal al leer un libro de hace siglos,
se siente inmortal. Al cerrar el libro siente
que, de no haberlo leído, el mundo sería más pobre.
El lector ideal es un relector: cada vez que lee un texto,
agrega una nueva capa de memoria al cuento.
El lector ideal no lee la Biblia para encontrar respuestas,
lee para encontrar preguntas.
Para el lector ideal todo libro es, en cierta medida,
su autobiografía. El es el personaje principal de toda novela.

Siempre corre peligro.
El lector ideal debe aprender a escuchar.
Imágenes de san Jerónimo lo muestran detenido
en su traducción de la Biblia, escuchando la palabra de Dios.
Al lector ideal no le preocupan los anacronismos,
la verdad documental, la precisión histórica,
la exactitud topográfica. Él no es un arqueólogo.
El lector ideal exige rigurosamente que se mantengan
las leyes y las reglas que cada libro crea para sí mismo.
El lector ideal debe estar dispuesto a no solo suspender
su incredulidad sino a adoptar una nueva fe.
El lector ideal puede enamorarse
de al menos uno de los personajes de un libro.
El lector ideal es veleidoso
sin sentirse jamás culpable. Es a la vez generoso y avaro.
Al lector ideal todos los recursos literarios son familiares.
Subvierte el texto. Él sabe aquello que el escritor solo intuye."

Leyendo la Biblia, encuentras
un hilo conductor entre Génesis y Apocalipsis,
la propuesta de un sentido último a la Historia
y a tu propia vida incluida en ella. Lees atentamente
y te das por aludido al verte reflejado en el texto.
Como buen lector, te lees a ti mismo en el libro.

Leyendo la Biblia, te remontas
al principio del Universo y asistes atónito a la cosmogénesis,
al deslumbrante amanecer de los mundos y los cielos,
sobrevuelas asombrado la Tierra, planeas sobre las aguas,
sondeas sobrecogido las profundidades, te asomas a los abismos,
Como buen lector, rememoras los orígenes de todo.

Leyendo la Biblia, te asomas
curioso al Paraíso terrenal y merodeas indiscreto por él,
alargas la mano al fruto prohibido del árbol del Conocimiento,
te reconoces al desnudo en Adán y Eva, tentado,
ávido de inmortalidad y transgresor, dispuesto a medirte.
Como buen lector, te lo planteas y arriesgas.

Leyendo la Biblia, caes en la cuenta
de tus instintos cainitas y cuánto te irrita que se recompense
a los cumplidores puritanos y su hipócrita formalidad,
a los generosos interesados y sus tácitos reproches.
Cómo te molesta que te interroguen y te pidan cuentas.
Como buen lector, reaccionas ante lo que lees.

Leyendo la Biblia, sales a flote
entre los supervivientes desorientados del Diluvio universal
braceando como buenamente sabemos y podemos.
Trepas y desciendes de la Torre de Babel, decepcionado,
confundido y perplejo, pero satisfecho del intento.
Como buen lector, recapacitas y reemprendes.

Leyendo la Biblia, visitas
al impaciente Job y lo encuentras abatido e indignado
preguntándose por qué a mí, qué le he hecho yo a Dios.
Tampoco tú entiendes, increpas al cielo vacío y lejano:
¿Hay alguien ahí que me atienda? El eco: Atiende, atiende.
Como buen lector, no acabas de entender del todo.

Leyendo la Biblia, haces tuyos
los versos amorosos de *El Cantar* que pone palabras
ajustadas a los sentimientos propios de los amantes
que se descubren felizmente destinados el uno al otro.
Versos que perfuman el aire y te esponjan el corazón.
Como buen lector, te dejas llevar por lo que sientes.

Leyendo la Biblia, te sientes
arrojado con Jonás a las aguas, o a punto estás
de ahogarte con el pescador Pedro en el lago,
o permaneces tres días a la deriva con el náufrago Pablo
o perseguido atraviesas a pie enjuto el Mar Rojo.
Como buen lector, pasas por trances arriesgados.

Leyendo la Biblia, buceas
en un mar de perlas escondidas, un tesoro de Sabiduría oculto
que puedes deducir o intuir en los arrecifes del texto.
Sondeas en los *Proverbios* y extraes valiosas enseñanzas
de cómo discernir y abordar lo que nos pasa.
Como buen lector, entresacas preciosos mensajes cifrados.

Leyendo la Biblia, asistes
conmovido a aquella última Cena de imposible despedida,
escuchas palabras inolvidables en torno a un pan y un vino vivos
entre gestos y miradas cargados de intención,
la tensión emocional del relato dramático te afecta.
Como buen lector, después ya no eres el mismo.

Leyendo la Biblia, sigues de cerca
el trágico final del Nazareno: traición, cárcel y torturas,
abandono, insultos y burlas de la plebe enardecida,
participas del llanto incontenible de su madre y de Magdalena,
entras en el sorteo de la túnica del reo y te sientes mal.
Como buen lector, te indignas y tomas partido por la víctima.

Leyendo la Biblia, no sabes bien
a qué carta quedarte ante el sepulcro vacío y los testimonios,
si dar crédito a unas mujeres enamoradas, valientes y leales,
si a los rumores sobre el cadáver escondido o al incrédulo Tomás.
Como si lo hubieras visto todo con tus propios ojos.
Como buen lector, el relato no te ha dejado indiferente.

———————

Cf. **Alberto Manguel**, "Propuestas para definir al lector ideal"

16. Y OS ACORDARÉIS DE MIS PALABRAS

"La palabra del hombre es la memoria;
la memoria del alma es la esperanza
y ambas se funden como el haz y el envés de una moneda,
se funden en el paso igual que el pie que avanza
y se apoya en el de atrás, la esperanza
que quizá es tan solo la memoria
que es como un bosque que se mueve,
como un bosque donde vuelve a ser árbol cada huella."

Luis Rosales, *La casa encendida*

Retened mis Palabras en vuestra memoria.
Porque la memoria es un pozo, es un molino,
es despensa, un panal, el arca de la alianza,
es caja de caudales y caja de herramientas
y caja de resonancia, caracola marina.
El Espíritu os refrescará la memoria
y os acordaréis de mis Palabras.

Confío mis Palabras a vuestra memoria.
Porque la memoria es un árbol
con sus ramas, hojas y pájaros,
donde los recuerdos florecen y fructifican,
un árbol que echa sus raíces en el terreno
y crece hacia arriba y se expande.
El Espíritu os activará la memoria
y os acordaréis de mis Palabras.

Encomiendo mis Palabras a vuestra memoria.
Porque la memoria es un retablo, una capilla votiva,
el lienzo de la Verónica,
un álbum de fotos, una galería de retratos.
La memoria es un montón de ceniza
y unas brasas ocultas bajo la ceniza,
el eco de unas palabras memorables.
El Espíritu os actualizará la memoria
y os acordareis de mis Palabras.

Traed mis Palabras a vuestra memoria.
Pero la memoria es también una torre de babel,
un laberinto o unas cajas chinas, una cárcel,
un desván, un vertedero, un osario,
una sala de espejos, una lente deformante
o la luz de una estrella ya desaparecida.
El Espíritu os restablecerá la memoria
y os acordaréis de mis Palabras.

Mantened mis Palabras en vuestra memoria.
Porque la memoria es un depósito, un archivo,
un refugio por si acaso, un almacén y un taller.
La memoria unifica la vida y le da consistencia,
la dota de continuidad y le concede una identidad.
La memoria agradecida es fiel, es leal.
El Espíritu os restaurará la memoria
y os acordaréis de mis Palabras.

————

Cf. **José M.ª Cabodevilla**, *La memoria es un árbol*

3

EL QUE SE OFRECE A SÍ MISMO

El que se ofrece a sí mismo
    en donación gratuita de sí,
    íntima religación
    de lo divino con lo humano que somos.

17. NOS HACE MÁS NOSOTROS

DESPACIO, VE DESPACIO, QUE DONDE TIENES QUE LLEGAR ES A TI MISMO.

Juan Ramón Jiménez

"Háblame sin hablarme,
y pule cada gesto
con el rito solemne
que unge lo supremo.

Salimos de nosotros
para volver más nosotros.

Una noche infinita
nos unirá, ya eternos."

Ernestina de Champourcín

Dios en tus besos que socavan
mi carne ávida, impregnada de Dios,
el ímpetu de mi cuerpo encendido por Él.
Dios en tu frente, sonriéndome,
brillando en el agua de tus ojos.
Nos hace más nosotros.

Dios en el cielo breve de las caricias,
en la liturgia solemne del amor nuestro
oficiada devotamente sobre el ara sagrada:
el lecho del amor y la pequeña muerte,
el gesto trascendido en rito.
Nos hace más nosotros.

La sabia mano de Dios purifica
nuestras manos torpes y codiciosas,
para que lo eterno inmortalice el instante
y el divino fervor transfigure nuestras ansias
en vuelos de paloma mensajera de misterio.
Nos hace más nosotros.

La punzante delicia, el dulce tormento,
en el roce apenas de las mejillas,
en el acercamiento estremecido de los labios,
en la pasión contenida tan solo por delicada
consideración a la fragilidad de las almas.
Nos hace más nosotros.

La grata sensación de plenitud en el éxtasis
efímero y modesto de nuestro amor,
¿no será el preludio de gloria que anticipa
el supremo júbilo en la cumbre definitiva?
Un prodigioso y pálido reflejo del paraíso.
Nos hace más nosotros.

Dios en el silencio de las noches insomnes,
en el afán recóndito, en el sueño turbador,
la espera se hace interminable.
Al abrazo incontinente del encuentro
sucede el desencuentro de dos soledades.
El corazón entre las manos en oración crispada.
Nos hace más nosotros.

Yo sé, Señor, que estás latiendo en mi yo
más profundo e inalienable. Y él enredado
en lo tuyo que hay en mí. Y yo obstinada
buceo en su pozo insondable,
engolfada con las aguas de tu Océano.
Nos hace más nosotros.

———————

Cf. **Ernestina de Champourcín**, "Romances del camino" y "Dios y tú"

18. COMO SI YO FUERA DIOS

MI ALMA TE ANSÍA DE NOCHE, MI ESPÍRITU EN MI INTERIOR MADRUGA POR TI.
(Isaías 26, 9)

LO MISMO DIGO, CORAZÓN.

"Descenderá sobre ti
y te cubrirá con su sombra." (Lc 1,35)

"En lo referente al amor Dios no es uno.
Hay infinitos Amados, uno para cada uno.
Yo lo sé. Yo tengo el mío.
Yo lo conozco, y él infinitamente me conoce.
El infinito y yo,
bastante tiempo ya de estar juntos
y de tenernos confianza ¿no?
Dios me quiere como si yo fuera Dios."

Ernesto Cardenal

Yo tengo un amor secreto
que ninguno ve.
Tan secreto lo tenemos
que solo a mí me ven.
Estamos solo los dos
aunque solo uno se ve.
Dios me quiere como si yo fuera Dios.

Mi alma está acostada boca arriba
esperando que te eches sobre mí,
que entres como música, como luz,
música sin ondas acústicas, luz sin fotones.
Caricia sin el tacto, solo la pura caricia.
Dios me quiere como si yo fuera Dios.

Pareciera ahora que no me quieres.
Peor aún, que ni siquiera existes.
Aunque no existieras yo te quiero
y podría quererte sin que me quisieras.
Pero eres, y quiero al que me quiere.
Dios me quiere como si yo fuera Dios.

Aunque tú no vengas conmigo esta noche,
mi alma ha quedado abierta para ti.
Por si vinieras. Si tú no vienes,
estará abierta de todas maneras para ti.
Dios me quiere como si yo fuera Dios.

No sé qué entienden por "dar gloria a Dios".
Para mí la gloria es
tener a Dios en mi cama, amante inmaterial.
Gocémonos, Amado, abracémonos sin brazos.
Dulzura tanta que no la sienten los sentidos.
Dios me quiere como si yo fuera Dios.

Amor,
del cual es imagen la cópula.
La eternidad será estar juntos nosotros dos
en una habitación en que la noche no pase.
¡Nada quiero sino estar contigo!
¿Qué gano que la luna sea bella
si estoy sin vos?
Dios me quiere como si yo fuera Dios.

_____

Cf. **Ernesto Cardenal,** "Telescopio en la noche oscura"

19. GOZANDO AMOR

YA SÉ QUE SUENA A CUENTO DE HADAS : POR ESO NO TE PIDO QUE CREAS EN LA RESURRECCIÓN DE LOS MUERTOS, SINO EN LA FUERZA INFINITA DE MI AMOR.

"De estas mercedes tan grandes queda el alma
tan deseosa de gozar del todo al que se las hace
que vive con alto tormento, aunque sabroso;
unas ansias grandísimas de morirse,
y así con lágrimas muy ordinarias
pide a Dios la saque de este destierro".

Teresa de Jesús, *Las moradas*

"Apretábaisme con vuestro amor
con una muerte tan sabrosa
que nunca el alma querría salir de ella".

Teresa de Jesús, *Libro de la vida*

"El deseo e ímpetus tan grande de morir se me ha quitado,
en especial desde el día de la Magdalena,
que determiné de vivir de buena gana
por servir mucho a Dios; si no es algunas veces,
que todavía el deseo de verle,
aunque más le desecho, no puedo".

Teresa de Jesús, Ávila, 22 de julio de 1517

Vivo ya fuera de mí,
después que muero de amor.
Aquesta divina unión
del amor en que yo vivo
ha hecho libre mi corazón.
Y causa en mí tal pasión
que muero porque no muero.
Gozando amor.

¡Ay qué vida tan amarga
do no se goza al Señor!,
porque, si es dulce el amor,
no lo es la esperanza larga.
Mira que el amor es fuerte:
vida no me seas molesta,
que muero porque no muero.
Gozando amor.

Vida, ¿qué puedo yo darle
a mi Dios que vive en mí,
para mejor a Él gozarle?
Pues a Él solo es al que quiero,
que muero porque no muero.
Gozando amor.

Cuando el dulce Cazador
me tiró y dejó rendida,
en los brazos del amor
mi alma quedó caída,
y cobrando nueva vida,
que mi Amado es para mí
y yo soy para mi Amado.
Gozando amor.

Tirome con una flecha
enarbolada de amor
y mi alma quedó hecha
una con su Criador.
Yo ya no quiero otro amor,
que mi Amado es para mí
y yo soy para mi Amado.
Gozando amor.

————

Cf. **Teresa de Jesús**

20. LUZ NOCTURNA

Conticinio: el momento del absoluto silencio en la profundidad de la noche, de la máxima quietud, en que todo reposa en calma.

*"A solas con mi Dios nocturno, a veces
me hundo en la noche, en el tranquilo reino.
Reposo entonces, y lo oscuro brilla
en el fondo del alma, junto al cielo.*

Silencio puro. Mi Señor reposa.
Quietud solemne. Todo el fondo quieto.
Inmenso, Dios descansa sobre el alma
que le adora allá dentro.

Siga el reposo hasta que venga el día.
Con paz honda a tu lado, inmóvil, velo
tu celeste callar apaciguado
dentro del alma, en el silencio."

Carlos Bousoño

Dios nocturno,
que me vas pasando por el alma lento,
para después amanecer en claridad.
El alma sueña quedamente inmóvil,
dormida, mira hacia dentro
tu luz nocturna.

Dios nocturno,
arrojando sombra vienes hacia mí
que quiero ser raíz y tierra seca
para poder amar este torcido tronco
cercado de tinieblas, vuelto hacia
tu luz nocturna.

Dios nocturno,
te navego, nado tus sombras densas,
a contracorriente remonto tus ríos,
cruzando la inmensa tierra de tu pecho
para arribar hasta tu cielo,
tu luz nocturna.

Dios nocturno,
temo perderme en las sombras de la noche
al fondo de tu misterio tan hondo,
desplomarme en tu cielo oscuro, ciego.
Arrástrame hacia tu lúcida noche,
tu luz nocturna.

Dios nocturno,
aquí estoy tirado contra el suelo oscuro,
nostálgico de la caricia límpida del sol,
hundido en el abismo sin fondo de la noche,
bajo la luna compasiva clamo por
tu luz nocturna.

Dios nocturno,
necesito sumirme en la claridad del sueño
para presentir tu cara oculta iluminada.
Me hace falta mucha noche profunda,
grave y silenciosa para soñar
tu luz nocturna.

Dios nocturno,
hace falta la noche para verte
entero, ¡oh Dios! entre la noche viva;
quiero tenerte, ver tus ojos puros
que lucientes me miran,
luz nocturna.

Dios nocturno,
mucha noche hace falta en las estrellas,
pero más en el alma se precisa.
Mucha noche hace falta
que caiga grave en su honda mina,
luz nocturna.

Dios nocturno,
tu aparición entonces sobre el cielo
del alma en vasta noche oscurecida,
allá, en el más profundo firmamento,
luce hondamente y sin medida,
luz nocturna.

Dios nocturno,
tu luz desciende clara,
trémula, pura: el aire se ilumina.
Toda mi alma en el amor se empapa,
y tiembla, y brilla,
luz nocturna.

————————

Cf. **Carlos Bousoño**, *Subida al amor. Salmos sombríos, salmos puros*

21. DIOS Y YO CREANDO

"Creación tiene un polo: hombre se llama."

"Oh fuerza del hombre aun a Dios mismo."

"Ah, yo quiero vivir
dentro del orden general
de tu mundo."

Dámaso Alonso

Dios, para ver, humanamente, su Creación,
necesita mirarla
a través de los ojos del hombre,
a través de mis ojos
fisga, tras la valla, su Creación,
atónitos de encuentro.
Juntos Dios y yo creando.

Mis ojos inventores colaboran
en el plan providente de la gran Creación,
prolongan creación, inventan luz.
Soy colaborador, soy delegado
de mi Dios, a través de mis ojos.
Juntos Dios y yo creando.

Mi Dios mirando alborozado
en mis hondas retinas,
en el cine de mi globo ocular.
Allí mi Dios, hecho niño de nuevo,
ensimismado, absorto en la belleza humana
del mundo que él creó.
Juntos Dios y yo creando.

Pequeño agente, yo, del Dios enorme,
cuando pienso, obro, río,
Creación creando,
le prolongo a mi Dios su fértil sueño.
Juntos Dios y yo creando.

Allí donde hay un hombre
se anuda el universo,
el Dios inmenso
va a centrarse en mi mente,
en el sagrario de mi mente,
yo a solas con mi Dios, allá en las galerías,
en los oscuros arcos del cerebro.
Juntos Dios y yo creando.

Hombre es amor,
y Dios habita dentro de ese pecho
y, profundo, en él se acalla.
Mente mía, templo de Dios.
Cuando pienso "Dios",
allí, en pequeño foco,
representado está mi Dios inmenso,
y me escuece y me abrasa,
la carne se me abrasa.
Juntos Dios y yo creando.

Dios es inmenso lago sin orilla,
salvo en un punto tierno, asustado,
donde se ha complacido limitándose: yo.
Yo, límite de Dios,
voluntad libre por su divina voluntad.
Yo, ribera de Dios,
junto a sus alas grandes.
Juntos Dios y yo creando.

Mi Dios limita con mi voluntad
porque él me hizo libre,
porque me ha hecho su colaborador,
su administrador delegado.
Juntos Dios y yo creando.

Me ha dado las llaves
de sus graneros de potencia,
porque libertad es creación.
Dios me mira complacido,
criatura nueva, ser único,
unicidad yo creando.
Juntos Dios y yo creando.

Cuando uso de la libertad
que me dio,
en cada acto de mi libertad
estoy creando.
Creando, estoy creando,
segundo a segundo,
cada acción de mi vida,
flor nueva.
Juntos Dios y yo creando.

Como padre, por encima del hombro,
Dios mira complacido, como padre
a quien hijo párvulo la letra imita.
Con soplo de espíritu, espíritu creando.
Juntos Dios y yo creando.

———————

Cf. **Dámaso Alonso**, *Hombre y Dios*

22. UN HOMBRE TENÍA DOS HIJOS

"La parábola del hijo pródigo (Lc 15,11-32)
simboliza dos caminos distintos de vida.

El menor de los hermanos abandona la seguridad de su casa
y se lanza al riesgo de un mundo desconocido.
El hermano mayor, en cambio, se queda en la tierra firme
De posesión paterna, trabajando fielmente,
cumpliendo sus deberes y salvaguardando así
un orden de vida heredado.

¿Cuál de estos dos hermanos tan diferentes ha elegido
el camino recto? La respuesta se hace difícil.

En primer lugar, es verdad que la seguridad en la vida
tiene su justificación y su sentido profundo.
Se encontrará, por tanto, natural que el hombre aspire a ella
y quiera protegerse contra las inseguridades
de su misma existencia.
Pero, si se investiga alrededor de la esencia de la vida,
parece esta estar más bien en secreta alianza
con la inseguridad que con la seguridad.
Porque tan solo la inseguridad conduce
a aquel modo peculiar de seguridad
que encumbra al hombre como hombre sobre sí mismo
y solo así lo eleva enteramente.

Su comprensión empieza a descubrimos
que la vida, en su totalidad de sentido,
exige la irrevocable dialéctica entre amparo y desamparo,
un desamparo en el amparo,
así como, al revés, un amparo en el desamparo.
El hombre, buscando su felicidad, aspira a la seguridad,
ese mismo hombre, en determinadas circunstancias,
ha de romper el anillo protector del amparo
y verse obligado a exponerse al riesgo
del extremo desamparo.

Tal vez se pueda ir más lejos aún, a las grandes
y últimas cuestiones fundamentales de la vida,
y hablar allí de un lanzamiento en lo incierto."

Peter Wust, *Incertidumbre y riesgo*

Esta parábola,
dirigida directamente al corazón,
te toca de lleno
y te conmueve las entrañas.
Ninguna parábola
tan insolente y descarada como aquella
de "Un hombre tenía dos hijos...".

Esta parábola,
caída en el fondo de tu alma,
te reclama, te da miedo y confianza,
te muerde y lame tu herida.
Ninguna parábola
tan dañina y desarmante como aquella
de "Un hombre tenía dos hijos...".

Esta parábola
apela a ese punto de ternura,
te duelen en el alma
ese padre y esos hijos que sos tú mismo.
Ninguna parábola
tan atrevida y desafiante como aquella
de "Un hombre tenía dos hijos...".

Esta parábola
para el momento de recapacitar,
a la que te agarras y no la sueltas,
aunque te queme por dentro.
Ninguna parábola
tan consoladora y esperanzadora como aquella
de "Un hombre tenía dos hijos...".

———————

Cf. **Charles Péguy**, *"Palabras cristianas"*

23. LOS EXCLUIDOS VENGAN A MÍ

"Dios padre campechano
En el estilo de juan veintitrés
dijo
dejad que los excomulgados
vengan a mí
dejadlos [...]

venid a mí libérrimos
vuestro es el reino de los cielos míos

desde la inquisición me duele el hígado

venid excomulgados
hijos míos"

Mario Benedetti, *"El hígado de Dios"*

Mi Reino también es de los herejes,
los que fueron más allá de la doctrina oficial
y se arriesgaron a creer por su cuenta y riesgo,
siguiendo honradamente su propio parecer.
Dejad que los herejes,
los excluidos vengan a mí.

Mi Reino también es de los heterodoxos,
los que se atrevieron a pensar por sí mismos,
prefiriendo abrir senderos nuevos
a seguir por los caminos trillados.
Dejad que los heterodoxos,
los excluidos vengan a mí.

Mi Reino también es de los extraviados,
los que se salieron del carril obligado,
abandonaron el puerto seguro y protector
para hacerse a la mar sin rumbo fijo.
Dejad que los extraviados,
los excluidos vengan a mí.

Mi Reino también es de los perseguidos
por las inquisiciones religiosas y políticas
de todos los tiempos y de todos los signos,
las víctimas de la intolerancia de los puritanos.
Dejad que los perseguidos,
los excluidos vengan a mí.

Mi Reino también es de los represaliados,
los periodistas vetados, los poetas malditos,
los escritores censurados, los artistas rechazados,
los diferentes, los disidentes, los objetores.
Dejad que los represaliados,
los excluidos vengan a mí.

Mi Reino también es de los excomulgados,
los penalizados por el aparato eclesiástico,
los curas y los teólogos destituidos y silenciados,
los sacrificados a la ortodoxia purista y a la normativa.
Dejad que los excomulgados,
los excluidos vengan a mí.

24. LOS OTROS SANTOS

"Solo Tú eres Santo." (Ap 15,4)

"Saludad a todos los santos." (Heb 13,24)

"Os saludan todos los santos." (Flp 4,22)

"Ya no sois extraños ni forasteros,
sino conciudadanos de los santos
y familiares de Dios." (Ef 2,19)

Celebramos justamente
a todos los santos sin altar,
a la gente de a pie ejemplar
sin otro honor y otra gloria
que haber sido honrados a carta cabal
y leales en su vida cotidiana.
Los buenos vecinos,
los buenos compañeros de trabajo,
los paños de lágrimas,
los amigos de confianza
y los que ayudan a extraños,
tanta gente sencilla, accesible,
servicial, afable, sin pretensiones.
Ellos son los otros santos.

Honramos merecidamente
a aquellas viejecitas
que han sabido dar calor de madres
en los difíciles días pasados,
y después fueron abuelas de todos.
Y aquellos jubilados
que aportaron su pensión
a la débil economía familiar
y se ocuparon de los nietos.
Aquellos que sintieron piedad
y se les conmovieron las entrañas
por unos y por otros.
Y ese oscuro militante
que detrás de una sigla lucha
por un mundo más justo y equitativo.
Ellos son los otros santos.

Sus nombres
nunca saldrán en los periódicos,
ni hablará de ellos la tele.
No habrá medallas
ni calles para su nombre,
pero para Dios y para nosotros
ninguno de ellos es un donnadie.
A todos ellos y muchos más
elevamos un himno de gratitud
que incluye también
al buen cristiano desconocido,
al que ni la Iglesia ni él mismo
se atrevería a considerarlo santo.
Ellos son los otros santos.

Rendido reconocimiento
al que fue injustamente perseguido,
encarcelado sin juicio, torturado,
o condenado sin defensa y ejecutado.
Ignorado por la Comisión de Derechos Humanos
y por la lista de Amnistía Internacional.
Al partisano y al guerrillero idealista
ajusticiados antes de la victoria.
Al objetor de conciencia insultado,
al insumiso pacifista no violento.
Al disidente depurado y represaliado.
No les darán el premio Nobel de la Paz
a las víctimas y mártires de una buena causa,
pero fueron imprescindibles
para que las cosas fueran a mejor.
Ellos son los otros santos.

Su corazón permaneció limpio
todos los días de su vida común y corriente,
porque no sabía mentir, no era capaz de odiar,
encajaba los reveses con sentido del humor
riéndose de su torpeza y de su propia sombra.
Se negó a aprovecharse del débil y a trepar
pisando encima de otros menos afortunados.
Intervino y se implicó, viendo lo que sucedía,
no escurrió el bulto ni miró para otro lado,
por unos repudiado, sospechoso para otros,
incomprendido por los unos y por los otros.
Algunas veces se equivocó, pero no de opción
ni de intención y voluntad.
Se mojó el culo
para que podamos cenar truchas.
Ellos son los otros santos.

Con la mochila desechada por sus hijos
van todas las mañanas al tajo,
San Currante de toda la vida,
que no medra porque no se presta:
siempre dando la cara y solidarizándose
con las justas reivindicaciones,
con las causas perdidas.
Como tantos y tantos hombres modestos,
profesionales eficaces, intachables,
que pasan desapercibidos,
que son como el ascua bajo las cenizas,
nadie se pregunta de dónde viene el calor,
pero él no se cansa de aliviar el fuego.
Ellos son los otros santos.

Gracias a gente como esta,
a su frágil e imprescindible cerilla de palo
sigue encendida la luz en el mundo.
Nosotros apreciamos sus luces en la noche.
Los pedestales son para los triunfadores,
pero ¿quiénes hacen pacientemente tu pedestal
y labran tu triunfo?, dímelo, compañero,
¿quiénes realizan tus sueños de gloria?
Ellos son los otros santos.

A todos estos santos anónimos
dedicamos un canto de reconocimiento.
No hay dinero en el mundo
para sus procesos de canonización,
ni suficientes panegíricos merecidos.
Ni falta que les hace.
Dichosos vosotros que pasáis
haciendo el bien a todos y el mal a nadie,
porque podéis estar contentos de vosotros mismos,
constructores de un mundo mejor.
Vosotros sois los otros santos.

ÍNDICE